# Segurança com Orçamento Limitado

Um guia prático para *startups* e pequenas
empresas protegerem seus dados com
poucos recursos – e crescerem com
confiança.

Rafael Batista

# Capítulo 1
# A falácia da exclusividade

Imagine o seguinte cenário: você está construindo algo incrível, uma *startup* cheia de potencial, pronta para transformar mercados e desafiar o *status quo*. Mas, enquanto você está focado em crescer, conquistar clientes e expandir sua marca, há uma ameaça invisível que pode colocar tudo a perder. Essa ameaça é a falta de segurança da informação. Em algum lugar, neste exato momento, um empreendedor está ignorando esta ameaça potencialmente devastadora para o seu negócio. Não por negligência, mas por acreditar em um mito perigoso: que a segurança da informação é um luxo reservado apenas às grandes corporações com orçamentos robustos.

Esta é, talvez, a crença mais prejudicial no ambiente de negócios contemporâneo. E essa ideia — essa falácia — tem custado caro.

O mundo digital transformou empreendedorismo em uma realidade acessível a milhares de pessoas. *Startups* nascem a cada segundo, transformando ideias em negócios, sonhos em realidades. Mas junto com essa democratização tecnológica veio uma sombra nem sempre percebida: a vulnerabilidade digital.

Durante anos, um mantra silencioso vem se repetindo dentro do ecossistema de *startups*: "Segurança da informação é coisa para empresas grandes". "Implementaremos segurança quando crescermos", você já deve ter pensado. Como se apenas organizações com milhares de funcionários, departamentos robustos de TI e orçamentos milionários estivessem autorizadas — ou obrigadas — a se preocupar com proteção de dados, gestão de riscos cibernéticos e conformidade. Como se existisse um momento mágico, no futuro, em que a *startup* finalmente "cresceria o suficiente" para começar a levar o tema a sério. E, assim, uma prioridade que deveria ser fundamental desde o primeiro dia de operação vai sendo adiada indefinidamente.

Você, empreendedor, já deve ter pensado: "somos pequenos demais para sermos alvos", ou "não temos dados que interessem aos *hackers*". A realidade, porém, é que o crime cibernético não discrimina pelo tamanho da empresa. Pelo contrário. De acordo com o relatório *2024 Data Breach Investigations Report*, publicado pela Verizon, quase a metade dos ataques (47%) têm como alvo pequenas empresas, que se tornam alvos justamente porque são percebidas como frágeis, desprotegidas e, muitas vezes, desinformadas. O relatório da IBM sobre o custo de vazamento de dados (*IBM Security – Cost of Data Breach Report 2024*) reforça: o impacto financeiro proporcional de um incidente em uma *startup* pode ser devastador – colocando em risco sua continuidade, sua reputação e sua capacidade de crescer. Portanto, segurança da informação não deve ser encarada apenas como uma preocupação para grandes corporações ou empresas com orçamentos milionários. Para *startups* e pequenas empresas, ela é uma questão de sobrevivência. Um ataque cibernético pode comprometer dados valiosos, prejudicar sua reputação e até mesmo encerrar suas operações. E o mais alarmante é que muitos empreendedores subestimam esse risco.

O problema não está nos números alarmantes de ataques, mas na concepção equivocada do que significa implementar segurança da informação. Durante anos, construiu-se a narrativa de que proteger dados e sistemas requer investimentos massivos em tecnologias sofisticadas, equipes especializadas e processos complexos — uma tríade inacessível para quem opera com recursos limitados.

Este livro nasce para acabar com esta falácia.

A segurança da informação não é definida pela quantidade de dinheiro investido, mas pela adequação das estratégias implementadas. Grande parte dos ataques sofridos por *startups* e pequenas empresas poderiam ter sido evitados com medidas simples, acessíveis e, acima de tudo, adequadas à sua realidade. Uma *startup* ou uma pequena empresa com orçamento reduzido pode – e deve – proteger seus ativos digitais de maneira eficaz, desde que compreenda seus riscos reais e aplique medidas proporcionais a eles.

A verdade inconveniente é que muitas das ferramentas e processos mais eficazes de segurança custam pouco ou nada além de tempo e comprometimento. A configuração apropriada de sistemas existentes, a implementação de autenticação de dois fatores, o treinamento básico de funcionários e a adoção de práticas elementares de segurança podem reduzir drasticamente sua superfície de ataque sem onerar significativamente seu orçamento.

Muitos empreendedores caem na mesma armadilha. Acham que a segurança pode esperar enquanto focam no crescimento do negócio. Até que um incidente aparentemente trivial — como um funcionário que responde a um e-mail de *phishing* — resulta no comprometimento de dados de clientes. O custo não é apenas financeiro, mas reputacional. Reconstruir a confiança do mercado demanda mais recursos do que teria custado implementar proteções básicas desde o início.

Neste livro, proponho um novo olhar. Um rompimento com a lógica tradicional, que associa segurança da informação a soluções caras, estruturas burocráticas e um discurso técnico inacessível. Compartilharei não apenas aquilo que aprendi ao longo de vários anos trabalhando com segurança da informação, mas estratégias comprovadas e acessíveis que permitem a qualquer negócio — independente de seu tamanho ou estágio — cultivar uma postura de segurança robusta e adequada à sua realidade. Não se trata de competir com o nível de proteção de uma multinacional, mas de implementar medidas apropriadas aos riscos específicos do seu negócio. Porque a segurança da informação não deveria ser uma questão de "quanto podemos gastar?", mas sim "quais riscos precisamos mitigar com os recursos que temos?".

Segurança não é um adicional. Segurança é a fundação.

Nas próximas páginas, vamos desmistificar conceitos, apresentar abordagens práticas e desenvolver um processo que permitirá à sua empresa implementar medidas de proteção alinhadas com sua realidade financeira. Porque segurança da informação não é um departamento exclusivo de grandes corporações — é uma mentalidade que deve permear qualquer negócio que valorize seus dados, seus clientes e seu futuro. Não se trata apenas de evitar prejuízos. Trata-se de construir um negócio que inspire confiança, seja desejado por clientes e investidores, e esteja preparado para crescer de forma sólida, protegida e sustentável.

Não prometo transformar sua empresa em uma fortaleza digital impenetrável. O que posso te oferecer é algo muito mais valioso: um caminho realista para proteger o que realmente importa, com os recursos que você efetivamente possui. Se você é empreendedor, gestor ou faz parte de uma empresa em crescimento, este livro é um convite à mudança de mentalidade. Esqueça o mito de que segurança é coisa para depois. Depois pode ser tarde demais.

A hora é agora. E a segurança começa com uma escolha. Seja bem-vindo à democratização da segurança da informação. É hora de derrubar o muro que separa pequenas empresas da proteção que merecem e precisam.

10

# Capítulo 2
# Por que segurança é essencial

## A história que mudou tudo

Era uma terça-feira comum quando Amanda, fundadora de uma promissora *startup* de gestão financeira, recebeu a ligação que transformaria o destino de sua empresa. Do outro lado da linha, um cliente importante, visivelmente perturbado, questionava como seus dados haviam sido expostos. "Acabei de receber um e-mail de alguém que conhece detalhes das minhas transações. Vocês sofreram alguma violação de dados?".

Amanda sentiu o estômago afundar. Sua empresa, que havia crescido rapidamente nos últimos 18 meses, conquistando mais de 500 clientes, nunca havia implementado mais que o básico em termos de segurança. "Sempre haverá tempo para isso quando tivermos mais recursos", era a frase que repetia nas reuniões com os sócios.

Aquela ligação foi apenas o começo. Nas 48 horas seguintes, dezenas de clientes relataram problemas semelhantes. Em questão de horas, o sonho de anos desmoronava. Não por falta de talento, não por uma ideia ruim, mas por algo que Amanda nunca imaginou ser tão crítico: segurança da informação.

Uma investigação preliminar revelou que um simples ataque de *phishing* direcionado a um dos desenvolvedores havia comprometido credenciais que davam acesso ao banco de dados de clientes. O incidente custou à *startup* não apenas a perda imediata de 30% de sua base de clientes, mas um processo de reconstrução de confiança que consumiria quase um ano completo.

Felizmente, os personagens e a empresa desta história são fictícios. Mas, infelizmente, os fatos descritos representam a realidade enfrentada por inúmeras empresas todos os dias. E trazem à tona uma verdade incômoda: para empresas em crescimento, o custo real da segurança não está na sua implementação, mas na sua ausência.

## O paradoxo da vulnerabilidade invertida

Existe uma relação inversamente proporcional que raramente é discutida no ecossistema de *startups*: quanto menor a empresa, maior o impacto potencial de um incidente de segurança. Esta é a "vulnerabilidade invertida" que contradiz a intuição de muitos empreendedores.

Considere o seguinte: quando uma grande empresa (imagine, aqui, uma multinacional) sofre uma violação de dados, ela geralmente possui:

- Reservas financeiras para absorver o impacto do incidente;
- Equipes jurídicas para gerenciar consequências legais;
- Capital reputacional acumulado ao longo de anos;
- Processos de recuperação bem estabelecidos.

Uma *startup*, por outro lado, opera com margens bem mais estreitas de erro:

- Recursos financeiros limitados, geralmente direcionados ao crescimento;
- Ausência de *expertise* jurídica interna para lidar com os efeitos de uma violação de dados;
- Reputação ainda em construção e que pode ser facilmente destruída;
- Inexistência de processos formais de recuperação.

Há estimativas de que 60% das pequenas empresas que sofrem um incidente de segurança significativo fecham as portas num período de até seis meses da data do incidente. Não por causa do ataque em si, mas pela cascata de consequências que ele desencadeia: perda de confiança dos clientes e investidores, custos de remediação e, principalmente, a interrupção operacional em momentos críticos.

Agora, você deve estar se perguntando: "Como evitar que isso aconteça com a minha empresa? Como posso proteger meus dados, minha equipe e meus clientes sem ter um orçamento gigante ou uma equipe exclusiva de segurança?". É aí que entra este livro.

### Desmistificando o "não somos alvos"

"Por que alguém atacaria nossa pequena *startup* quando existem alvos muito maiores"?

Esta pergunta, que ouço frequentemente, revela um equívoco fundamental sobre a natureza dos ataques cibernéticos modernos. A verdade é que a maioria dos ataques são:

- Automatizados e indiscriminados, com varreduras automáticas que buscam vulnerabilidades conhecidas em qualquer sistema conectado à internet, sem fazer qualquer análise do tamanho da empresa.
- Oportunistas, com atacantes buscando o caminho de menor resistência. Uma empresa sem proteções básicas (como uma *startup* que nunca se preocupou com o tema) representa um "alvo fácil" comparado a corporações com equipes de segurança dedicadas.

- Focados em dados, não no nome. O valor está nas informações que você possui (dados de clientes, propriedade intelectual, acesso a sistemas de pagamento), não no tamanho da sua marca. Cada *byte*, cada registro, cada informação digital se transformou em um ativo tão valioso quanto qualquer máquina ou equipamento.

Analisando estes dados, é possível notar que há bom equilíbrio entre valor potencial e baixa resistência e, por esta razão, uma *startup* ou uma pequena empresa desprotegida é atacada mesmo havendo alvos muito maiores.

### O efeito dominó: o verdadeiro custo de um incidente

Quando uma empresa – de qualquer porte – sofre um incidente de segurança, raramente é um evento isolado. Ele desencadeia uma série de consequências que se estendem muito além do impacto técnico imediato:

- Perda direta de receita, pois a interrupção operacional durante e após um incidente pode paralisar vendas, entregas e atendimento ao cliente. Para *startups* operando com fluxo de caixa ajustado, mesmo alguns dias de inatividade podem ter um grande impacto.
- Custos de remediação, representados pela necessidade de contratação de especialistas em resposta a incidentes, restauração e verificação de sistemas comprometidos e implementação tardia e emergencial das proteções que deveriam existir desde o início, dentre outros.
- Impacto reputacional, uma vez que a confiança é a moeda mais valiosa na economia digital. Entre profissionais de segurança, um cálculo

simplificado (porém bastante comum) é estimar o custo de reparação da reputação após um incidente como sendo, aproximadamente, o valor da verba de publicidade da empresa – no caso de uma *startup*, a verba que seria destinada à conquista de novos clientes. E, não raro, o tempo necessário para recuperar a confiança do mercado após um incidente excede doze meses.

- Consequências legais e regulatórias, com a imposição de pesadas sanções por negligência na proteção de dados e a possibilidade de pagamento de indenizações significativas geradas por ações judiciais movidas por clientes afetados. No caso da LGPD, a multa pode chegar a 2% do faturamento bruto da empresa, limitado a R$ 50 milhões.

Somando tudo isso, o custo de um incidente de segurança pode superar R$ 1 milhão, um valor que representa muito mais do que custaria implementar medidas preventivas básicas.


**O mito do custo proibitivo**

Um dos mitos mais comuns que impede *startups* de priorizar segurança é a percepção de que implementar práticas sólidas é proibitivamente caro. Esta é uma visão distorcida que confunde segurança eficaz com segurança cara. A realidade é que as estratégias de segurança mais impactantes para *startups* são frequentemente as menos dispendiosas:

- Treinamento e conscientização, pois o fator humano continua sendo o vetor de ataque mais comum, de acordo com todos os relatórios disponíveis sobre o assunto. Custo? Principalmente tempo e atenção.

- Autenticação multifatorial (MFA), que pode bloquear praticamente qualquer ataque automatizado a contas, e que pode ser implementado de forma gratuita na maioria das soluções utilizadas por pequenas empresas.
- Gerenciamento de *patches*, mantendo os sistemas atualizados e, com isso, neutralizando a maioria das vulnerabilidades exploradas em ataques. Esta prática requer disciplina, não orçamento.
- Princípio do menor privilégio, limitando o acesso de cada colaborador ao mínimo necessário e, com isso, reduzindo drasticamente a superfície de ataque. É uma questão de processo, não de produto.

Estas são apenas algumas medidas que ajudam na construção de um programa de segurança robusto e que praticamente não exigem investimento financeiro.

## O processo de implementação progressiva

A ideia do "tudo ou nada" em segurança é um outro mito que paralisa muitos empreendedores. Segurança não é um estado binário, mas um espectro. Ao longo deste livro, traçaremos uma jornada para a implantação progressiva, reconhecendo esta realidade por meio de:

- Proteções essenciais, que podem ser realizadas imediatamente, com zero ou mínimo investimento, mas que eliminam os vetores de ataque mais comuns;
- Segurança fundamental, com práticas e ferramentas que estabelecem uma base sólida

com investimento moderado, adequadas para *startups* na fase de validação do mercado;

- Proteção escalonável, com a introdução gradual de controles mais robustos que crescem com a empresa, alinhados às necessidades específicas do setor e modelo de negócio;
- Maturidade em segurança, com refinamento contínuo baseado em métricas, integrando segurança aos processos de negócios de forma a transformá-la em vantagem competitiva.

Este processo reconhece as limitações reais de recursos das *startups*, ao mesmo tempo que garante que proteções essenciais não sejam negligenciadas por parecerem inatingíveis.

**Segurança como habilitador de crescimento**

Existe uma narrativa equivocada de que segurança e crescimento acelerado são objetivos conflitantes. A realidade é precisamente o oposto: uma abordagem estratégica à segurança não apenas protege, mas acelera o crescimento. A segurança da informação não deve ser vista como um custo, mas como um diferencial competitivo capaz de impulsionar o crescimento e a sustentabilidade de uma *startup*. Em um mercado cada vez mais consciente da importância da proteção de dados, as empresas que adotam práticas de segurança eficazes se destacam, conquistando a confiança de clientes e investidores. Um exemplo claro dessa realidade pode ser observado em *startups* que demonstram conformidade com regulamentações rigorosas, como a LGPD no Brasil ou o GDPR na União Europeia. Estar em conformidade com estas leis atesta o compromisso da empresa com a segurança e a privacidade dos dados, atraindo clientes que valorizam a proteção de suas informações pessoais. Em um cenário onde a confiança é um ativo valioso, ser reconhecido como uma empresa que prioriza a segurança pode ser a chave para abrir portas e estabelecer parcerias estratégicas.

Além disso, investidores estão cada vez mais atentos às questões de segurança ao avaliar onde alocar seus recursos. *Startups* que apresentam um sólido plano de segurança da informação se tornam mais atraentes para investimentos e demonstram uma visão de longo prazo e responsabilidade. Muitos investidores consideram a segurança da informação um fator crítico na decisão de investimento. Isso significa que, ao investir em segurança, as *startups* não apenas protegem seus ativos, mas também constroem uma reputação sólida que pode resultar em oportunidades de financiamento mais robustas.

Portanto, a segurança da informação não deveria ser vista como uma obrigação, mas como uma estratégia inteligente para o sucesso a longo prazo. *Startups* que adotam uma abordagem proativa em relação à segurança não apenas mitigam riscos, mas também criam um ambiente onde a confiança pode florescer. Essa confiança é fundamental para atrair e reter clientes, além de facilitar a formação de parcerias que podem impulsionar o crescimento da empresa. Assim, investir em segurança da informação se transforma em um ativo valioso, essencial para o futuro de qualquer startup que busca não apenas sobreviver, mas prosperar em um mercado competitivo.

## Os pilares da segurança com recursos limitados

Três pilares sustentarão nossa abordagem ao longo deste processo:

1. Proporcionalidade: nem todos os ativos possuem o mesmo valor, nem todos os riscos têm a mesma probabilidade. Identificar o que realmente importa permite direcionar recursos limitados para onde terão o maior impacto.

*Pergunta para reflexão: Quais são os três ativos de informação mais valiosos para seu negócio hoje?*

2. Integração: segurança isolada é segurança ineficaz. As proteções mais sustentáveis são aquelas integradas ao fluxo natural de trabalho, não as que criam fricção adicional.

*Pergunta para reflexão: Quais processos existentes em sua empresa poderiam incorporar verificações de segurança sem adicionar etapas extras?*

3. Evolução: o programa de segurança deve crescer com a empresa. O que é adequado hoje pode ser insuficiente amanhã, e o que parece inalcançável agora pode ser tornar essencial em breve.

*Pergunta para reflexão: Como você visualiza as necessidades de segurança da sua empresa evoluindo nos próximos 12 meses?*


Ao final, a questão não é se sua *startup* pode se dar ao luxo de investir em segurança da informação, mas se pode se dar ao luxo de não investir. A segurança da informação não é um custo a ser minimizado, mas um investimento a ser otimizado.

De agora em diante, traduziremos todos estes princípios em ações concretas, oferecendo um caminho prático para implementar segurança eficaz com recursos limitados. O foco será mostrar, de maneira prática, como você pode melhorar a segurança da sua empresa. Começaremos explorando as dores e desafios específicos que *startups* enfrentam nesta jornada, desmistificando conceitos e preparando o terreno para soluções que são tanto acessíveis quanto eficazes.

A jornada para uma segurança robusta não começa com um grande orçamento ou uma equipe dedicada. Começa com a decisão consciente de não deixar a proteção do seu negócio ao acaso.

# Capítulo 3
# O labirinto invisível – desafios de segurança para empresas em crescimento

O ambiente digital está em constante evolução, apresentando riscos cada vez mais complexos, e tornou-se um campo de batalha para empresas de todos os tamanhos. No entanto, para *startups* e pequenas empresas, essa batalha é ainda mais difícil. Com a transformação digital se tornando norma, essas empresas tornaram-se alvos atraentes para cibercriminosos.

O crescimento do número de ameaças cibernéticas está diretamente relacionado à quantidade de dados sendo gerados e compartilhados online, mas também ao fato de que as pequenas empresas geralmente estão mal preparadas para lidar com isso, apesar de, muitas vezes, lidarem com informações sensíveis, como dados de clientes, propriedade intelectual e informações financeiras.

A revolução digital traz uma infinidade de oportunidades, mas também um conjunto de novos riscos. As ameaças cibernéticas, como *ransomware*, *phishing* e vazamento de dados, estão cada vez mais sofisticadas e acessíveis. O que é ainda mais alarmante é que *startups* e pequenas empresas são vistas como alvos fáceis pelos cibercriminosos. Eles sabem que muitas vezes essas empresas não possuem a estrutura, os recursos ou a experiência necessária para se proteger adequadamente. Com isso, o que parece uma oportunidade promissora pode rapidamente se transformar em um pesadelo se a segurança não for tratada como prioridade.

Além disso, a velocidade com que as *startups* operam muitas vezes pode ser vista como um obstáculo para a implementação de práticas de segurança robustas. A pressão para lançar produtos rapidamente e captar investimentos pode levar à negligência em relação à segurança, criando brechas que cibercriminosos podem explorar. Nesse contexto, a segurança da informação deve ser vista como um pilar essencial que sustenta não apenas a integridade da empresa, mas também a confiança de seus clientes e parceiros.

Portanto, é imperativo que as startups reconheçam a gravidade da situação e adotem uma abordagem proativa em relação à segurança da informação. O cenário é claro: o ambiente digital apresenta riscos crescentes, e não investir em segurança pode custar muito mais do que um simples gasto preventivo. As consequências de não ter uma boa estratégia de segurança podem ser devastadoras, especialmente para *startups* em fase de crescimento, onde o impacto de um incidente pode ser irreversível.

**Principais desafios das *startups* em segurança da informação**

Para que você compreenda melhor os desafios específicos enfrentados pelas *startups* ao implementar segurança da informação, vamos nos aprofundar nos cinco pontos principais.

1. Orçamento limitado

*Startups* enfrentam um dilema fundamental: como investir em segurança quando cada centavo precisa ser estrategicamente alocado para crescimento? Este não é apenas um problema financeiro, mas uma questão de sobrevivência organizacional.

Ao contrário das grandes corporações, que têm orçamentos substanciais para dedicar à infraestrutura de segurança, pequenas empresas geralmente precisam equilibrar a proteção com outras prioridades: desenvolvimento de produto, *marketing* e crescimento.

Isso significa que muitas vezes as soluções de segurança são vistas como uma despesa acessória e não como um investimento essencial.

Para superar este desafio, é preciso fazer muito com poucos recursos. Neste aspecto, é inegável que uma *startup* leva uma larga vantagem sobre uma grande empresa, uma vez que "fazer muito com pouco" já é parte do cotidiano das pequenas empresas. Basta apenas replicar em segurança da informação o que já é corriqueiro em outras atividades.

2. Falta de *expertise* técnica

A falta de *expertise* técnica representa um obstáculo significativo. Muitos fundadores e membros das equipes de *startups* não possuem formação específica em segurança da informação, o que resulta em uma compreensão limitada das ameaças e das melhores práticas de proteção. O conhecimento existente costuma estar fragmentado entre diversos membros do time, com cada um sabendo um pouco sobre o assunto. Em um cenário repleto de ameaças cibernéticas, essa lacuna de conhecimento pode ser fatal.

Contratar colaboradores dedicados exclusivamente para os temas de segurança da informação seria uma solução, mas não está dentro das possibilidades orçamentárias da maioria das pequenas empresas. E nem haveria volume de trabalho suficiente em uma *startup* para um profissional que só cuidasse deste assunto, pois a maioria das medidas estaria implementada em um curto espaço de tempo e, a partir daí, seria necessário apenas manter os processos, o que não consumiria toda a carga de trabalho do profissional.

Para tratar deste ponto, há duas alternativas. A primeira delas seria a contratação de um consultor em tempo parcial. Este profissional poderia orientar o time sobre as ações necessárias, sendo remunerado apenas pelas horas que dedicar à empresa, o que será mais barato do que adicionar mais um colaborador à folha de pagamentos. A segunda seria nomear um dos colaboradores do time como responsável por segurança da informação, alocando parte do seu tempo a estudar o tema e implementar as medidas necessárias. A primeira alternativa traz o custo das horas de consultoria, mas não compromete o tempo da equipe; a segunda alternativa, por outro lado, elimina o desembolso de dinheiro, mas compromete horas de trabalho de uma parte da equipe. Cada empresa deve pesar os prós e os contras de cada uma e decidir pela opção que melhor se encaixe em seu momento.

3. Identificar os riscos

Identificar riscos é outro obstáculo significativo para as *startups*. Com tantas vulnerabilidades potenciais – variando desde fraquezas internas como negligência dos funcionários até ameaças externas como ciberataques – os empreendedores podem ter dificuldade em decidir onde concentrar seus recursos limitados primeiro. A ausência de uma equipe dedicada à gestão de riscos complica ainda mais esse processo; sem conhecimento especializado em práticas de cibersegurança ou metodologias de avaliação de ameaças, os tomadores de decisão podem ignorar vulnerabilidades críticas que poderiam ter implicações severas no futuro.

Para contornar este obstáculo, é importante fazer o exercício de entender quais são os ativos de informação críticos para o negócio e se concentrar, prioritariamente, nos riscos que ameaçam estes ativos.

4. Ameaças em evolução constante

Os criminosos cibernéticos não dormem. Enquanto as *startups* lutam para sobreviver, os *hackers* desenvolvem técnicas cada vez mais sofisticadas, ao mesmo tempo em que reduzem drasticamente os custos e o conhecimento necessários para efetuar um ataque bem-sucedido.

Com o uso de técnicas de inteligência artificial, os e-mails de *phishing* e as técnicas de engenharia social são cada vez mais difíceis de detectar. Na *dark web*, já é possível contratar *ransomware* como serviço (*ransomware as a service*), em um modelo de lucro compartilhado onde os criminosos podem operar as plataformas sem necessidade de conhecimento técnico profundo.

Para vencer este obstáculo, é necessário manter-se informado. Felizmente, muitas empresas especializadas oferecem *newsletters* gratuitas com as últimas notícias sobre segurança da informação.

5. Cultura de segurança não estabelecida

A falta de uma cultura de segurança da informação talvez seja maior calcanhar de Aquiles de uma *startup*, pois segurança não se resolve apenas com tecnologia. Ela depende fundamentalmente da cultura organizacional.

Em muitos casos, a segurança é vista como um obstáculo ao crescimento, algo que pode atrasar a inovação e a agilidade que caracterizam o espírito empreendedor. Essa mentalidade pode levar à negligência sistemática das práticas de segurança, onde medidas básicas, como a atualização de *software* e o uso de senhas fortes, são frequentemente ignoradas. Ao priorizar a velocidade em detrimento da segurança, as *startups* criam um ambiente propenso a falhas, colocando em risco não apenas seus dados, mas também a confiança de clientes e investidores.

Diante desse cenário, é essencial que os empreendedores reconheçam a importância de integrar a segurança da informação em sua estratégia desde o início. Não se trata apenas de evitar perdas financeiras, mas de construir uma base sólida para um crescimento sustentável. A segurança deve ser vista como um investimento, e não como um custo. É necessário cultivar uma mentalidade proativa, onde a proteção dos dados e a segurança das operações sejam prioridades, e não meras reações a incidentes já ocorridos. E, acima de tudo, deve-se fazer o possível para evitar a postura de "resolver depois" ou "isso não vai acontecer comigo".

## Histórias reais - o custo de ignorar a segurança

Um caso real aconteceu com uma *startup* de tecnologia que desenvolvia soluções inovadoras para o mercado financeiro e estava em pleno crescimento. Omitiremos o nome da empresa para preservá-la. Esta *startup* havia atraído investidores e ganhado um número significativo de clientes. Focada em inovação e crescimento rápido, não considerou a implementação de um processo de autenticação em dois fatores, uma medida simples. Em 2020, um ataque de *ransomware* a pegou de surpresa. O ataque criptografou todos os dados da empresa, incluindo dados de clientes e documentos vitais para a operação. Além disso, os cibercriminosos vazaram os dados obtidos, o que gerou uma repercussão imediata, com clientes cancelando serviços e expressando indignação. Como a empresa não tinha *backups* adequados e nem um plano para lidar com este tipo de situação, a recuperação levou semanas, e os danos à sua reputação foram imensos. A confiança dos clientes foi abalada e a empresa perdeu investimentos que seriam essenciais para o seu crescimento. A empresa ainda existe, mas nunca chegou próxima de atingir o patamar que todos esperavam antes daquele incidente.

A lição aprendida foi dura: o impacto de um ataque não está apenas nos custos financeiros, mas também na perda de confiança e na interrupção do crescimento. Para essa *startup*, a falta de segurança foi o fator que travou seu futuro promissor.

### O que não fazer

Além dos desafios enfrentados, também é importante falar sobre os erros comuns que muitas *startups* cometem ao tentar lidar com segurança da informação. Se você quer evitar problemas, é essencial que compreenda esses erros e aprenda a evitá-los.

1. Negligenciar a segurança pela percepção de alto custo

Como mostramos, é comum para muitas *startup*s adiar o investimento em segurança devido à percepção de que é algo caro e desnecessário. Muitas vezes, as empresas acreditam que só precisarão se preocupar com segurança quando atingirem um certo tamanho ou quando o risco estiver mais visível. A esta altura, você já deve ter percebido que esse é um erro fatal. Quanto mais cedo você investir em segurança, menores serão os custos e riscos no futuro.

Pense em segurança da informação como uma vacina. É melhor ser vacinado do que ficar doente e ter que se tratar depois.

2. Adiar investimentos em proteção

Outro erro é adiar investimentos em medidas de segurança da informação até que surjam problemas. Esse adiamento pode parecer uma estratégia lógica quando os recursos estão limitados, mas é uma falsa economia. Quando um ataque acontece, os custos para resolver a situação serão muito maiores do que se a segurança fosse implementada desde o início.

Pense em segurança da informação como um seguro. Você faz um seguro para proteger um bem valioso antes que algo aconteça com ele, não depois.

3. Não conscientizar a equipe

A segurança da informação não é responsabilidade exclusiva de um departamento de TI. Todos na empresa devem estar cientes dos riscos e das boas práticas de segurança. A falta de conscientização da equipe sobre o impacto de comportamentos como usar senhas fracas, clicar em *links* suspeitos ou não atualizar sistemas pode abrir brechas para ataques. A formação contínua e o treinamento são essenciais para garantir que todos estejam protegendo a empresa da melhor maneira possível.

Pense em segurança da informação como uma parte dos seus processos de negócios. É mais uma atividade que sua equipe precisa executar para garantir uma entrega de qualidade aos seus clientes.

Grandes proteções não significam sistemas complexos, e nem requerem projetos longos e custosos para serem implementadas. Pelo contrário, proteções inteligentes são cirúrgicas e diretas. Você deve proteger o que é importante, aquilo que faz diferença para o seu negócio.

Se você reconhece seus desafios e acredita que, embora os recursos sejam limitados, existem soluções práticas e acessíveis para começar a implementar uma estratégia de segurança sólida, já deu o primeiro passo. E, nessa jornada, cada passo conta. Começar com medidas pequenas, mas eficazes, já pode trazer um grande retorno. Lembre-se da *startup* de tecnologia que mencionamos há pouco e que teve seu futuro comprometido por falta de uma simples implementação de autenticação em dois fatores, uma configuração simples, que não requer nenhum conhecimento técnico e que pode ser habilitada em alguns poucos minutos.

# Capítulo 4
# Começando com o que você já tem

Nos capítulos anteriores, discutimos os principais desafios enfrentados por *startups* e pequenas empresas em relação à segurança da informação, e mostramos por que você deve encarar este problema agora, em vez de deixá-lo para o futuro. Falamos sobre restrições de orçamento, falta de pessoal especializado, dificuldade em identificar os riscos, ameaças em constante evolução e a ausência de uma cultura de segurança bem estabelecida. Agora, é hora de dar um passo à frente. Vamos sair da teoria e entrar no campo prático: como, afinal, começar a proteger a empresa?

A boa notícia é que você não precisa esperar para começar. É possível começar com o que você já tem. Muitas das medidas mais eficazes em segurança da informação estão diretamente relacionadas à gestão, organização e disciplina – e não à compra de soluções caras. Ações simples podem trazer resultados significativos, protegendo a empresa de ameaças comuns e preparando-a para crescer de forma segura e estruturada.

**Poderia ser diferente**

Voltemos por um instante ao cenário descrito no Capítulo 2: Amanda comandava uma *startup* promissora, em franco crescimento, mas que ignorou os riscos e foi surpreendida por um ataque de *ransomware*. Dados criptografados, sistemas paralisados, reputação comprometida, prejuízos e muito trabalho para reconstruir o que foi destruído.

Mas o que aconteceria se medidas básicas de segurança da informação tivessem sido implementadas? E se aquela *startup*, tendo identificado seus ativos mais críticos, tivesse implementado a autenticação em dois fatores (MFA) em seus sistemas e configurado *backups* automáticos em nuvem? Como teria sido a sequência de eventos?

Podemos dizer que, provavelmente, o ataque teria acontecido. Mas o impacto, certamente, teria sido outro. Com uma autenticação em dois fatores habilitada, o *hacker* não teria tido acesso ao banco. Ainda que um *malware* fosse capaz de criptografar os dados, o vazamento das informações não teria acontecido. A cópia segura das informações mais importantes garantiria uma recuperação mais rápida e controlada – e a confiança do mercado seria mantida. As consequências do incidente, portanto, seriam menos danosas.

## Comece pelo que importa

*Startups* operam em um ambiente de alta pressão, onde os recursos são escassos e cada centavo conta. Então, antes de pensar em ferramentas, é preciso pensar em prioridades. O que realmente importa na sua operação? Quais ativos – dados, sistemas, dispositivos, contratos, informações de clientes – são essenciais para manter sua empresa funcionando? Responder a estas questões é o primeiro passo na implementação de uma boa estratégia de segurança da informação, pois vai ajudar a definir prioridades. Afinal, proteger tudo ao mesmo tempo não é realista – mas proteger o que é mais crítico é essencial.

O processo de construção de uma boa segurança da informação deve ser iniciado com um inventário. Sim, um inventário. Afinal, não dá para proteger o que você não sabe que precisa proteger – ou não sabe que tem. Usando uma planilha, mapeie todos os seus ativos de informação, listando:

- Nome do ativo (por exemplo: sistema de vendas, banco de dados de clientes, servidor de aplicação, *notebook* do CEO). Todos os ativos devem entrar na lista, independente de sua relevância.
- Proprietário do ativo (quem é responsável por ele – e esta informação é essencial).
- Descrição do ativo (para que ele serve).
- Localização do ativo (o ativo está na nuvem, no escritório da empresa, em alguma localidade externa ou em estoque).
- Tipo do ativo (*hardware*, *software*, equipamento de rede, banco de dados).

Estas são as informações básicas que você precisa ter sobre cada um dos seus ativos de informação. Ao longo do tempo, como se trata de uma planilha, novas colunas podem ser adicionadas. Por exemplo, podemos adicionar o nome do fabricante, configurações e endereço IP (para servidores e equipamentos de rede), informações sobre garantia e contatos de suporte, e versão (para *software*). Com isso, o inventário, além de servir de base para nossa estratégia de segurança, também será uma ferramenta para controlarmos os nossos ativos de informação.

Dentro deste inventário, cada ativo de informação deve ser classificado com seu nível de criticidade para o negócio da empresa. Para simplificar, podem ser usados três níveis de criticidade: baixa, média ou alta. A pergunta a ser feita durante a classificação é: "qual seria o impacto para a empresa se este ativo fosse comprometido?". Se o impacto for alto, sua criticidade é alta; se for baixo, sua criticidade é baixa. Estes dois tipos de ativos são fáceis de identificar. Reserve o nível de criticidade "médio" para os ativos que não tiverem nem nível alto, nem nível baixo.

Note que, ao final deste processo, estarão identificados os ativos críticos da empresa. Com o uso de uma simples planilha e algum tempo de trabalho, você será capaz de definir quais ativos de informação são mais relevantes para a sua empresa e, por consequência, sabe por onde deve começar seu programa de segurança da informação, já que a prioridade sempre será a proteção dos ativos mais críticos.

O inventário deve ser mantido atualizado. Sempre que um novo ativo de informação for introduzido na empresa, deve ser adicionado ao inventário; sempre que um ativo de informação for descontinuado, deve ser removido do inventário. Há ferramentas de mercado que podem ser usadas para automatizar o processo de controle do inventário, mas, como nosso objetivo é usar o menor orçamento possível e como *startups*, de um modo geral, têm poucos ativos, você pode optar pelo uso da planilha. Lembre-se: comece com o que você já tem. Deixe a ferramenta para uma próxima etapa.

**Implemente *backups* automáticos**

*Backups* são como seguros: você só percebe o quanto são valiosos quando precisa deles.

A perda de dados pode ocorrer devido a várias razões que vão desde exclusão acidental até ataques cibernéticos. Implementar sistemas automatizados de *backup* garante que os dados críticos sejam salvos regularmente e facilmente recuperáveis quando necessário. Muitos serviços na nuvem oferecem opções baratas ou até gratuitas para armazenar seus dados com segurança.

Antes de prosseguirmos, você precisa conhecer dois conceitos. Vamos apresentá-los de forma simples:

- RPO (*Recovery Point Objective*): é o volume de dados que sua empresa pode perder sem comprometer o negócio. Ele varia de acordo com a empresa, com o modelo de negócios e até mesmo com a época do ano. Vamos usar um exemplo para ilustrar. Imagine que sua empresa tem um sistema de vendas que armazena os dados dos pedidos feitos por seus clientes. Se este sistema for comprometido agora e você tiver que restaurar um *backup*, você perderá todas as informações armazenadas no sistema entre o momento em que o *backup* foi feito e o momento da falha – ou seja, você perderá as informações das vendas que efetuou entre o momento do *backup* e o momento da falha. Estas informações terão que ser reprocessadas – seja manualmente ou sendo reenviadas para o sistema. O RPO é o volume de dados que você aceita perder ou reprocessar sem que isso comprometa sua operação. Pode ser o volume de vendas de uma semana, de um dia ou de algumas poucas horas.
- RTO (*Recovery Time Objective*): é o tempo que sua empresa pode ficar sem acesso às informações sem comprometer o negócio. Também varia de uma empresa para outra. Usando o mesmo exemplo do sistema de vendas, o RTO é o tempo que sua operação suporta ficar sem acesso a ele sem que isso comprometa a saúde da empresa.

Você não precisa conhecer essas siglas para proteger sua empresa. Basta entender que o tempo e o volume de perda são parâmetros fundamentais para definir a frequência e o tipo de *backup* que será feito. Se sua empresa não pode perder muitas informações (RPO pequeno), precisa fazer *backups* com mais frequência. Se não pode ficar muito tempo sem acesso às informações (RTO pequeno), seu *backup* tem que estar armazenado de um modo que possa ser acessado e restaurado rapidamente – ou seja, não pode estar em uma fita magnética armazenada a 300km de distância local onde deverá ser restaurado.

Neste ponto, pode surgir uma dúvida: por que não fazer *backups* com alta frequência – por exemplo, a cada 10 minutos? Isso não garantiria uma perda mínima de dados?

De fato, fazer *backups* em alta frequência – e até mesmo em tempo real, espelhando seus dados – é uma técnica que minimiza perdas. Entretanto, todo *backup* tem custos. Ainda que você use uma configuração gratuita em um serviço de nuvem, pagará pelo espaço usado para armazenar os dados. Se o espaço for gratuito, você precisará pagar por uma ferramenta que faça o *backup*. Se você usar a sincronização do seu serviço de nuvem, o *backup* não estará seguro – afinal, se o arquivo original for corrompido, ele será imediatamente replicado na nuvem. Isso quer dizer que, no caso do *backup*, cada escolha traz consigo uma renúncia. Por isso é necessário que você conheça sua necessidade para selecionar a melhor opção.

Conhecendo seu RPO e seu RTO, sua configuração deve levar em conta três parâmetros:

- Regularidade: seus *backups* devem ser feitos em intervalos regulares. Fazer *backups* em intervalos irregulares dificulta o controle e pode comprometer seu RPO. Se o seu RPO é de 24 horas, você tem que ter certeza de que um *backup* foi feito ontem e de que um outro será feito hoje.

- Armazenamento em local seguro: se os seus servidores estão instalados localmente em um *data center* (próprio ou terceirizado), considere armazenar seu *backup* em um ambiente de nuvem. Se você já usa um ambiente de nuvem (o mais comum para *startups*), armazene seu *backup* em uma conta diferente da que você usa para seus sistemas.
- Testes regulares: faça testes periódicos de restauração dos seus *backups* para garantir que tudo está funcionando corretamente. Um *backup* que nunca foi testado não é confiável.

Manter cópias de segurança dos seus dados mais importantes dará à sua empresa a tranquilidade de saber que, em caso de um incidente, você terá como recuperar os dados.

**Tenha um bom antivírus**

Sim, ainda vivemos em um mundo onde antivírus faz diferença – e muito. Mas não basta instalar uma solução gratuita qualquer. Isso porque antivírus gratuitos nem sempre oferecem suporte técnico e, muitas vezes, seu uso em ambientes empresariais viola os termos de uso, pois são gratuitos apenas para uso pessoal.

Para uso comercial, o ideal é que você busque uma solução que possa ser licenciada. Há inúmeras boas opções e, como a maioria dos antivírus possui um modelo de licenciamento por equipamento protegido, sem exigência de um número mínimo de licenças (mas com descontos progressivos à medida em que o número de licenças aumenta), é possível contratar uma solução sem gastar muito, pagando apenas por aquilo que usa.

Um outro ponto importante é que você deve buscar um antivírus que tenha uma console de gestão centralizada. Isso vai permitir que, em um único ambiente, você possa visualizar o *status* de todos os dispositivos, checando se estão atualizados, e respondendo rapidamente a qualquer incidente sem ter que intervir nos equipamentos um a um. Além disso, a gestão centralizada vai permitir que você realoque as licenças de equipamentos que não estão mais em uso para uso em novos equipamentos (isso é legal e não infringe os termos de uso), evitando ou postergando a compra de novas licenças.

Garanta que os antivírus estão configurados para receber atualizações automáticas e para fazer verificações contínuas. Sem estas configurações, você terá que fazer atualizações manuais e isso tomará seu tempo e desviará sua atenção de outras atividades.

O investimento em uma boa solução de antivírus é pequeno, mas seu retorno é imenso.

### Use autenticação em múltiplos fatores (MFA)

A autenticação em múltiplos fatores (MFA) recebe este nome por estar baseada em uma combinação de vários critérios (fatores): alguma coisa que você sabe (uma senha ou um PIN), alguma coisa que você tem (um *token* físico ou um código enviado para o seu celular) e alguma coisa que você é (biometria do rosto, da íris ou impressão digital). A combinação mais comum é o uso de uma senha e um código no celular (gerado no próprio celular ou enviado para ele), formando uma autenticação em dois fatores. É este tipo de autenticação que a maioria dos bancos usa em seus sites, com uma senha de acesso e um *token* gerado no celular para autorizar as transações (quando usa o aplicativo do banco no celular, o segundo fator é validado automaticamente, pois o banco sabe que você está usando o celular cadastrado).

Hoje, a maioria das ferramentas que você provavelmente já utiliza (como Google Workspace, Microsoft 365, Slack, GitHub, Zoom, ZenDesk, dentre outras) e as soluções de nuvem mais comuns (AWS, Google Cloud, Microsoft Azure, Oracle Cloud) oferecem MFA gratuitamente. Basta ativar.

Use o MFA sempre que possível (inclusive em sua vida pessoal), mas priorize sua ativação para sistemas que:

- Contêm dados de clientes;
- Controlam processos financeiros;
- São críticos para o funcionamento da empresa.

Se houver necessidade de investir, direcione o investimento para sistemas mais sensíveis. Mas, como vimos, nem será necessário gastar na maioria dos casos – o maior desafio é apenas mudar a rotina e educar a equipe.

## Use senhas fortes

Um aspecto vital da segurança é a gestão de senhas. Promover o uso de senhas fortes e a mudança periódica delas – a cada três meses, por exemplo – é uma prática que pode ser facilmente implementada e não requer nenhum investimento.

Façamos uma analogia para mostrar a importância de uma senha forte. Imagine que você tem em mãos um daqueles cadeados com segredo, muito usados em malas de viagem ou no armário da academia. Os modelos mais comuns costumam ter segredos de três ou quatro dígitos. Isso quer dizer que, no modelo de quatro dígitos, se uma pessoa testar cada uma das dez mil combinaçõcs possíveis (começando na combinação 0000 e terminando na combinação 9999), conseguirá abrir o cadeado sem saber previamente o segredo. O teste das combinações é facílimo de fazer, mas requer tempo; afinal, quem quiser quebrar a senha do seu cadeado tem que testar manualmente cada uma das combinações até encontrar a correta. Na prática, o processo de abrir um cadeado alheio poderia levar algumas horas, dependendo de qual é o segredo do cadeado (se o segredo for 0001, o atacante acertará na segunda tentativa e abrirá o cadeado em menos de um minuto). No jargão de segurança, testar todas as combinações possíveis uma a uma é conhecido como "ataque de força bruta".

Vamos, agora, migrar o cenário do cadeado para o ambiente virtual. Você tem agora um "cadeado virtual", que funciona da mesma maneira que o seu cadeado físico. Um programa escrito para testar uma a uma as dez mil combinações possíveis do segredo deste cadeado não teria mais do que uma dúzia de linhas de código e poderia ser desenvolvido por um aluno na primeira aula de um curso de programação – ou seja, é facílimo de implementar. Some a esta facilidade de desenvolvimento e implementação o fato de que qualquer computador é capaz de testar as dez mil combinações possíveis em uma fração de segundo, e agora o seu cadeado virtual pode ser aberto quase instantaneamente. Isso mostra que, diante de um ataque de força bruta, um PIN de quatro dígitos não oferece nenhuma segurança – e mostra também a razão pela qual nenhum sistema usa um PIN de quatro dígitos sozinho como sua única proteção de segurança.

Para as senhas, vale o mesmo princípio. Se um *hacker* quiser acessar um sistema, pode usar um ataque de força bruta para testar todas as combinações possíveis. A complexidade será um pouco maior, pois ele não sabe antecipadamente quantos caracteres tem a senha (no cadeado virtual do nosso exemplo, sabíamos que eram quatro) e o número de possibilidades é maior, pois podemos também usar letras maiúsculas e minúsculas (em sistemas de senha, há diferença entre letras maiúsculas e minúsculas) e caracteres especiais (@, %, #, !, dentre outros). Mesmo com tudo isso, uma senha com 8 caracteres, contendo pelo menos 1 número, 1 letra maiúscula e 1 caracter especial pode ser quebrada por força bruta em cerca de 8 horas.

O que fazer então? Embora não pareça, a solução é simples: aumentar o tamanho da senha. Se a senha com 1 número, 1 letra maiúscula e 1 caracter especial tive 11 caracteres ao invés de 8, levará cerca de 400 anos para ser quebrada em um ataque de força bruta. E, se ela for trocada a cada três meses, o *hacker* terá que reiniciar os testes das combinações a cada troca.

A solução é simples, mas causa fricção; afinal, é mais difícil memorizar senhas longas, principalmente se formos seguir a boa prática de não repetir a mesma senha em diferentes sistemas. Em algum momento, as pessoas acabarão anotando a senha em algum lugar, o que é tão ruim quanto ter uma senha fraca. Então, se a sua empresa tiver muitos sistemas, o uso de gerenciadores de senhas pode ser uma solução eficaz, ajudando os colaboradores a criar senhas complexas e armazená-las de forma segura, reduzindo o risco de reutilização de senhas e do uso de senhas fracas.

Os gerenciadores de senha são uma solução de baixo custo e permitem a criação de senhas longas e totalmente aleatórias, o que torna praticamente impossível um ataque de força bruta, com a vantagem de que o colaborador só precisará se lembrar de uma senha longa, que é a senha mestra do gerenciador. E uma senha longa de 16 caracteres, contendo apenas uma letra maiúscula (sem números e sem caracteres especiais) pode levar até 2 bilhões de anos para ser quebrada com o poder computacional que temos hoje. Adicionando um único número a esta senha, o tempo teórico de quebra subiria para 37 bilhões de anos.

Além de aumentar a complexidade da senha, há uma configuração adicional que pode ser feita: bloquear o acesso após um número determinado de tentativas incorretas – em geral, três. Com isso, após o terceiro erro, o acesso fica bloqueado mesmo que a senha correta seja inserida. É uma segunda camada de proteção contra tentativas de ataque por força bruta.

**Troque as senhas padrão**

Quando um novo equipamento é instalado, em geral vem com uma senha padrão de fábrica, que deve ser usada para configurá-lo. O que a maioria das pessoas não sabe é que esta senha deve ser usada apenas para a configuração inicial, devendo ser trocada assim que tudo estiver ajustado. Isso porque qualquer *hacker*, ao tentar uma invasão, começará seu ataque de força bruta testando a senha padrão do equipamento. Por conta disso, jamais a senha padrão deve ser mantida após a configuração inicial.

Em muitos sistemas, é possível também alterar o nome do usuário administrativo ou criar outros perfis que tenham o mesmo nível de privilégio. Sempre que isso for possível, faça esta alteração. Assim, além de ter que adivinhar a senha, o *hacker* também terá que adivinhar o ID do usuário, o que aumentará ainda mais a complexidade da tarefa.

Esta é mais uma atitude simples, que depende apenas de processos bem ajustados, não requerendo nenhum investimento adicional.

## Use contas separadas para usuários privilegiados

Em uma empresa, sempre haverá um grupo de colaboradores que, para desempenhar suas funções, terá acesso privilegiado aos sistemas. Equipes de DevOps, Suporte, Operações, Infraestrutura e a própria equipe de Segurança da Informação precisam de privilégios mais amplos no sistema para alterar configurações, implementar novas funcionalidades ou mesmo para fazer o *reset* de senhas e a criação de novos usuários. Para um *hacker*, estas são as senhas mais valiosas, pois permitem acesso quase irrestrito a todas as funcionalidades e configurações. Por conta disso, precisamos dar a elas uma atenção especial.

O primeiro passo é garantir que estes acessos privilegiados estão restritos a quem realmente precisa deles. Não é porque você é o CEO da empresa que você precisa ter um perfil que te permita alterar todas as configurações do sistema, a menos que seja seu trabalho fazer isso. Isso vale para todos os colaboradores: só deve poder fazer um *reset* de senha ou a criação de um novo usuário quem tem esta tarefa, só deve poder alterar uma configuração do sistema quem tem esta tarefa, e assim por diante. Os acessos não são definidos de acordo com a hierarquia, e sim com a função de cada um. O dono do hotel não precisa ter uma chave que abra todos os quartos; quem precisa desta chave é a camareira que irá arrumá-los.

Uma vez que os acessos privilegiados sejam restritos apenas a quem precisa deles, reduzindo-os a algumas poucas contas, o passo seguinte é fazer uma segregação dos perfis. Isso porque mesmo quem precisa de acessos privilegiados para executar seu trabalho, não precisa deles o tempo todo. Muitas vezes, o time de DevOps está apenas desenvolvendo novas funcionalidades, sem alterar nada no sistema que está em operação. O time de suporte pode estar apenas compilando os dados para fazer um acompanhamento dos incidentes do mês, ou tirando uma dúvida de um usuário sobre as funcionalidades do sistema. Por isso, o ideal é que os usuários que tenham acessos privilegiados tenham dois perfis de acesso: um perfil "sem poderes especiais", para uso cotidiano, e um perfil "com poderes especiais", contendo os privilégios que necessitam para as tarefas de operação e suporte. Assim, reduz-se o risco de que uma senha privilegiada seja capturada, pois será usada com menor frequência.

Por fim, fazendo uma conexão com o que já foi dito, os perfis com acesso privilegiado aos sistemas devem ser os primeiros a, obrigatoriamente, estar protegidos por MFA. Nenhuma conta que possa alterar as configurações de um sistema, de uma base de dados ou do próprio ambiente onde o sistema e a base de dados estão hospedados deve ser protegido apenas por senha.

**Controle as vulnerabilidades**

As configurações de segurança devem incluir a atualização regular de sistemas operacionais e de *software*. Muitas vezes, as vulnerabilidades são exploradas por atacantes devido à falta de *patches* de segurança. A boa notícia é que muitos sistemas operacionais e *softwares* oferecem atualizações automáticas que podem ser ativadas com um simples clique. Isso garante que sua empresa esteja sempre protegida contra as últimas ameaças, sem a necessidade de um especialista em TI dedicado.

Se você tem servidores em um *data center* local, é importante ter uma atenção especial a este tema. No caso de servidores, não é recomendado deixar ativadas as atualizações automáticas, pois algumas delas podem interferir no funcionamento de suas aplicações. Neste caso, você deve ficar atento às informações disponibilizadas pelos fabricantes e aplicar manualmente os *patches*, sempre tomando o cuidado de testá-los antes para checar se não trarão problemas ao seu ambiente.

Para servidores em nuvem ou para aplicações SaaS, sua preocupação é menor: em geral, os próprios provedores de serviço se encarregam de manter atualizados os sistemas operacionais e o *software* que fornecem. Confira se este é o seu caso buscando esta informação no contrato de prestação de serviços que você firmou com o provedor.

Em qualquer cenário, porém, é importante que você revise periodicamente se todas as atualizações foram aplicadas corretamente. Há ferramentas gratuitas que podem fazer uma varredura do seu ambiente e indicar se há alguma vulnerabilidade conhecida que não foi tratada ou se a aplicação de um *patch* ficou pendente em algum equipamento. Use-as para garantir que nada passou despercebido pelo seu processo de atualização.

**Treine sua equipe**

A maioria dos incidentes de segurança começa com um clique errado. Um e-mail com anexo suspeito. Um *link* aparentemente legítimo. Uma senha fraca. Treinar a equipe é tão importante quanto configurar sistemas. O erro humano é frequentemente citado como uma das principais causas das violações de dados nas organizações ao redor do mundo. Investir tempo no treinamento dos funcionários sobre as melhores práticas em cibersegurança pode gerar retornos significativos sobre o investimento ao reduzir vulnerabilidades associadas a ataques de *phishing*, fraudes por engenharia social e outras ameaças comuns.

Realizar reuniões frequentes sobre segurança da informação pode transformar a cultura organizacional. Durante esses encontros, aborde os tópicos mais importantes, como *phishing*, práticas de senhas seguras e a importância de não compartilhar informações confidenciais. Elabore um manual de boas práticas de segurança. Este documento deve ser acessível a todos os colaboradores e conter orientações claras sobre comportamentos seguros no ambiente de trabalho, como criar senhas fortes, não reutilizar senhas em diferentes plataformas e identificar e relatar comportamentos suspeitos.

É fundamental incentivar uma comunicação aberta sobre incidentes de segurança. Muitas vezes, colaboradores hesitam em relatar problemas por medo de represálias. Criar um ambiente onde todos se sintam seguros para discutir falhas ou preocupações é importante para mitigar danos. Promover essa cultura de transparência não apenas protege os ativos da *startup*, mas também fortalece a confiança e a colaboração entre os membros da equipe.

O investimento em treinamento deve ser visto como uma estratégia de crescimento, e não como um custo. Ao capacitar os colaboradores, a empresa não apenas reduz o risco de incidentes de segurança, mas também fomenta um ambiente de trabalho mais seguro e produtivo. Assim, é possível transformar a segurança da informação em uma prioridade compartilhada, criando uma base sólida para o sucesso a longo prazo.

## Pequenas ações, grandes resultados

As configurações básicas de segurança em sistemas existentes são um passo fundamental que qualquer *startup* pode dar, mesmo com recursos limitados. Ao realizar um inventário de ativos, manter sistemas atualizados, fazer *backups* e promover uma cultura de segurança e boas práticas de gestão de senhas, as empresas podem estabelecer uma base sólida de segurança. Essas medidas não apenas protegem contra ameaças, mas também criam um ambiente de trabalho mais seguro e confiável.

A ideia central de tudo o que dissemos até agora é simples: não espere ter todos os recursos para começar. Comece com o que você já tem. E, como demonstramos, é possível fazer muito com o que você já tem. E, mais importante: você pode fazer tudo isso sem precisar desviar seu foco do crescimento do negócio.

# Capítulo 5
# Crescimento com segurança

Toda *startup* nasce com grandes ideias, mas com recursos limitados. É o ciclo natural. No início, o foco está em validar o produto, conquistar os primeiros clientes e encontrar o caminho do crescimento. Ao longo do caminho, o produto se expande, ganha novas funcionalidades, ao mesmo tempo em que aumentam o número de clientes e o tamanho da empresa. Não é diferente com a segurança da informação: assim como você tem um plano para escalar suas vendas, seu time e seu produto, deve também ter um plano progressivo e estruturado para melhorar sua segurança. À medida que a *startup* cresce, é necessário expandir sua estratégia de segurança para incluir abordagens mais sofisticadas.

Um planejamento eficaz deve considerar a evolução da empresa e alocar recursos de maneira a equilibrar custo e segurança. No início, apenas as medidas simples que apresentamos no capítulo anterior serão suficientes. Mas, conforme a empresa cresce, novos riscos são adicionados – mais usuários, mais sistemas, mais dados. Muito do que era possível fazer manualmente vai requerer automação. Soluções mais robustas precisarão ser incorporadas.

Para facilitar a aplicação, dividimos a jornada de segurança da informação em estágios. Cada um desses estágios representa um momento típico da vida de uma *startup* e as ações de segurança recomendadas para aquele momento.


**Estágio 1: fundação – segurança com o essencial**

Momento da empresa: MVP lançado, poucos colaboradores, foco total em validação do produto e na chegada ao mercado.

Objetivo: proteger os ativos mais importantes com o mínimo necessário.

No início da jornada de qualquer *startup*, o foco deve estar em estabelecer as medidas fundamentais de segurança. Esses passos iniciais serão a base sobre a qual sistemas mais sofisticados podem ser construídos. As *startups* devem priorizar a criação de políticas rigorosas de senhas e garantir que todos os membros da equipe compreendam sua importância. Incentive os colaboradores a usar senhas complexas e a alterá-las regularmente para mitigar o risco de acesso não autorizado. Faça seu inventário, identifique seus ativos de informação mais críticos e priorize suas atividades. Contrate uma boa solução de antivírus, defina e automatize sua rotina de *backups*, controle vulnerabilidades, segregue os acessos privilegiados, troque senhas padrão e implemente a autenticação em múltiplos fatores para os sistemas críticos.

Neste primeiro estágio, o importante é implementar as medidas básicas e consolidar a percepção de que segurança da informação é uma responsabilidade coletiva. Todos os membros da equipe precisam entender que a segurança não é apenas uma tarefa da equipe de TI, mas uma responsabilidade compartilhada. Realizar reuniões regulares para discutir práticas de segurança e compartilhar informações sobre incidentes criará uma cultura de segurança robusta dentro da empresa.

**Estágio 2: tração – estruturando a segurança**

Momento da empresa: crescimento acelerado, entrada de novos colaboradores, clientes mais exigentes.

Objetivo: reduzir o risco operacional à medida que a estrutura da empresa se torna mais complexa.

Conforme a empresa cresce, a segurança deve ser ampliada. A segmentação de rede, que envolve dividir a rede em partes menores e mais seguras, é uma prática recomendada. Isso limita o acesso a dados sensíveis e facilita a detecção de atividades suspeitas. Por exemplo, os departamentos de apoio, que agora começam a surgir no organograma, podem estar em um segmento de rede segregado, com acesso apenas aos sistemas de suporte e gestão. Um ambiente de homologação segregado deve ser criado, garantindo que os testes de novas funcionalidades dos sistemas sejam feitos em um ambiente totalmente apartado daquele onde estão instaladas as versões que são usadas pelos clientes. O inventário de ativos de informação deve ser atualizado para incluir estes novos equipamentos e a informação sobre o ambiente do qual fazem parte – lembrando sempre que ativos em ambiente de homologação terão sempre um grau menor de criticidade.

A documentação de políticas e processos de segurança é outra boa prática que deve surgir nesta etapa. Com o aumento do número de colaboradores e com uma cultura de segurança já estabelecida desde o início, é importante começar a manter registros dos procedimentos e dos incidentes, ainda que de forma simples. Estes registros ajudarão a deixar claros para todos os objetivos de segurança da informação, estabelecerão as regras básicas e ajudarão a criar um histórico valioso para futuras avaliações. É importante, nesta etapa, começar a criar relatórios estruturados sobre gestão de vulnerabilidades e sobre incidentes identificados.

Nesta etapa, é importante criar um comitê de segurança da informação, que deve se reunir regularmente para discutir e revisar as políticas de segurança, acompanhar as métricas e analisar qualquer incidente ocorrido. Este comitê deve incentivar o início de práticas periódicas de avaliação dos ativos mais críticos, em uma espécie de "auditoria simplificada".

### Estágio 3: consolidação – governança e processos

Momento da empresa: estrutura organizacional estabelecida, expansão nacional e/ou internacional, parcerias estratégicas.

Objetivo: transformar a segurança em um ativo de governança e confiança.

Este é o momento em que a *startup* está deixando de ser vista como uma *startup* e já se consolidou no mercado. O número de colaboradores aumenta ainda mais, aumentando também a estrutura da empresa e o número de novos departamentos.

Neste momento, passa a ser necessário fazer uma gestão centralizada dos dispositivos, usando ferramentas de MDM (*Mobile Device Management*). Estas ferramentas garantirão que apenas dispositivos autorizados possam acessar os sistemas e dados da empresa e que apenas aplicativos autorizados possam ser executados nestes dispositivos.

Nota importante: um sistema de MDM é diferente de um antivírus. Enquanto um antivírus bloqueia apenas a execução de um *malware*, permitindo a execução de aplicativos legítimos, um MDM é capaz de impedir a execução de aplicativos que, mesmo legítimos, não são autorizados para uso em equipamentos da empresa. Por exemplo, através de um aplicativo de MDM é possível garantir que não nenhum aplicativo será instalado pelo usuário em um celular corporativo ou que apenas a ferramenta de videoconferência autorizada pela empresa (seja ela qual for) poderá ser executada em um computador fornecido a um colaborador.

Um plano de resposta a incidentes robusto deve ser construído (trataremos deste tema mais adiante), com a definição de papéis, responsabilidades, fluxos de comunicação e ações corretivas. Este plano deve ser documentado, deve ser testado regularmente e deve ser de conhecimento de todos os envolvidos.

Relatórios regulares devem ser elaborados para comunicar à liderança da empresa os principais riscos e avanços em segurança da informação, bem como as ações de conformidade com regulações como LGPD, GDPR e *frameworks* de segurança da informação, como o NIST CSF, ISO 27001, CIS Controls e outros (também trataremos deste tema mais adiante).

O último passo desta etapa é a implementação de ferramentas para detectar comportamentos anômalos e atividades suspeitas. Estas ferramentas devem gerar alertas para os responsáveis pela segurança da informação para que investiguem os problemas detectados.

### Estágio 4: escala – arquiteturas avançadas e conformidade plena

Momento da empresa: atuação em escala nacional ou global, base de clientes diversificada, foco em escalabilidade e resiliência.

Objetivo: tornar a segurança um diferencial competitivo e uma vantagem estratégica para o negócio.

Nesta etapa, a empresa cresceu e já se provou. Embora os fundadores ainda a vejam assim, o mercado já não a enxerga mais como uma *startup*, e sim como uma empresa que "deu certo". Chegar a esta fase é o objetivo de todo empreendedor e é onde muitos acham que deveria começar o investimento em segurança, pois agora "já há dinheiro disponível para isso" – o que, como vimos, é um grande erro.

Com uma cultura de segurança da informação já consolidada e com muitas medidas já adotadas ao longo do processo, nesta fase haverá apenas uma sofisticação de tudo o que já foi feito. Soluções manuais devem ser, definitivamente, eliminadas, pois a empresa cresceu demais para não ter processos de segurança automatizados. Varreduras no ambiente em busca de vulnerabilidades devem ser mais frequentes, pois há um volume muito maior de equipamentos conectados (e, possivelmente, a empresa pode já ter escritórios em várias localidades diferentes). É hora de contar com um time especializado em segurança da informação ou com uma empresa parceira especializada que cumpra este papel.

Deve-se investir em monitoração ativa e contínua com a implementação de soluções de SIEM (*Security Information and Event Management*), que são capazes de correlacionar um volume enorme de eventos em tempo real em busca de violações de segurança.

O processo de auditoria de segurança da informação deve ser formalizado e as auditorias devem ser realizadas periodicamente, com os resultados sendo reportados à liderança da empresa. Deve ser iniciado também um processo de gestão de terceiros, com avaliações de riscos em fornecedores críticos. Se for de interesse da empresa, este é o momento de buscar uma certificação formal em segurança da informação (ISO 27001, SOC 2, dentre outras).

**Construa seu próprio plano**

Com base nos estágios apresentados, você pode criar o seu próprio *roadmap* de segurança da informação, adaptado à realidade da sua empresa. Pergunte-se:

- Em que estágio estamos hoje?
- Quais medidas já adotamos?
- Quais ações podemos implementar nos próximos meses?
- O que será necessário no próximo estágio de crescimento?

Esse exercício não exige conhecimento técnico aprofundado. Exige apenas clareza, planejamento e disciplina.


**Cronogramas de implementação de segurança**

O tempo para atingir cada um dos estágios apresentados varia de uma empresa para outra e, por isso, não os vinculamos a um período específico no tempo.

O cronograma de implementação de segurança da informação deve ser um componente do planejamento estratégico de qualquer *startup*. À medida que a empresa cresce, é fundamental definir marcos específicos que indiquem a conclusão de certas medidas de segurança, garantindo que a proteção dos dados evolua em paralelo com as operações da organização.

Este cronograma deve ser realista e refletir as capacidades da equipe. Se a equipe responsável pelos temas de segurança da informação é composta por apenas uma ou duas pessoas (o que é esperado nos estágios iniciais), é importante considerar a necessidade de treinamento e a adoção gradual de novas tecnologias.

Um cronograma eficaz pode incluir sessões de treinamento regulares, onde a equipe aprende sobre as últimas ameaças e melhores práticas de segurança, capacitando todos para enfrentar desafios emergentes.

Por fim, um cronograma de implementação de segurança deve ser flexível o suficiente para se adaptar a novas ameaças e mudanças no ambiente de negócios. À medida que novas tecnologias emergem e o cenário de ameaças evolui, as *startups* devem estar prontas para ajustar suas estratégias de segurança, antecipando ou atrasando determinadas etapas. Essa abordagem assegura que a empresa atenda às suas necessidades atuais e se prepare para futuras ameaças e desafios no campo da segurança da informação.


Implementar um roteiro eficaz de maturidade em segurança da informação não se resume a apenas marcar caixas; representa um compromisso contínuo de proteger tanto ativos organizacionais quanto a confiança dos clientes. A segurança da sua empresa não surgirá de um dia para o outro. Ao contrário, deverá seguir um caminho claro. Planejado. Sólido. E possível.

Ao seguir um processo estruturado – desde as ações mais básicas, passando por processos intermediários e culminando com medidas mais sofisticadas – as *startups* estarão equipadas para trazer a segurança da informação para o centro do seu negócio e para usá-la como um diferencial competitivo.

# Capítulo 6

# *Compliance* como um diferencial

Para muitas *startups* – e, também, para muitas pessoas – a palavra *compliance* ainda soa distante, um termo associado a grandes corporações, departamentos jurídicos enormes e consultorias especializadas. Na prática, porém, *compliance* está mais presente no dia a dia das *startups* do que se imagina. E mais do que isso: quando bem compreendido e aplicado, pode ser uma poderosa ferramenta de diferenciação no mercado, especialmente na hora de conquistar grandes clientes corporativos, buscar investidores ou parcerias estratégicas. Quando uma empresa demonstra compromisso com as normas de segurança e proteção de dados, não apenas se resguarda de possíveis penalidades, mas também conquista a confiança de seus clientes, um ativo inestimável em um mercado competitivo.

Empresas que priorizam a segurança da informação e a conformidade são percebidas como mais confiáveis, o que leva a uma maior retenção de clientes e aumento nas vendas. *Startups* que seguem corretamente os princípios da LGPD em suas operações não apenas evitam multas, mas comunicam publicamente seu compromisso com a privacidade e a segurança das informações. Isso é especialmente relevante em cenários onde a confiança do consumidor é um dos principais fatores de decisão de compra.

Além disso, a conformidade pode abrir portas para oportunidades de negócios que, de outra forma, estariam fechadas. Muitos clientes corporativos, especialmente em setores regulamentados, preferem – ou só podem – trabalhar com fornecedores que demonstram conformidade com determinadas normas, como o GDPR da União Europeia. A falta de conformidade pode ser um obstáculo significativo para conquistar contratos com grandes empresas que buscam parceiros que respeitem as normas de segurança e proteção de dados.

Outro ponto importante é que investidores estão cada vez mais atentos à segurança da informação como um critério para avaliar *startups*. Neste caso, a conformidade não é apenas uma questão de evitar o risco de perder o capital investido; é um sinal de que a empresa está madura e preparada para o crescimento. *Startups* que que demostram um forte compromisso com a segurança e a conformidade têm mais chances de atrair investimentos, pois os investidores reconhecem que a proteção dos dados é crítica para a sustentabilidade e o sucesso a longo prazo.

Abordaremos os três principais blocos que devem orientar sua estratégia de *compliance*:

- Regulamentações legais;
- Requisitos de mercado;
- *Frameworks* de segurança.

Cada um deles cumprirá um papel dentro da sua estratégia e poderá ser usado como um diferencial de mercado.

## Regulamentações legais

As regulamentações foram criadas para proteger dados sensíveis e para garantir que as empresas mantenham padrões éticos em suas operações. A depender do setor em que sua empresa atua, ela poderá estar sujeita a normas específicas, além das regulamentações gerais. Apresentaremos aquelas que são as mais relevantes para a maioria das *startups*.

1. LGPD (Lei Geral de Proteção de Dados – Lei 13709/2018, modificada pela Lei 13853/2019 – Brasil)

A LGPD, que entrou em vigor em 2020, estabelece diretrizes rigorosas sobre o tratamento de dados pessoais no Brasil. Essa legislação exige que as empresas tratem as informações dos clientes de maneira transparente e segura, aumentando sua responsabilidade na proteção de dados. A não conformidade pode resultar em penalidades serveras, colocando em risco a reputação e a viabilidade financeira da empresa.

Desde o início da vigência da lei, a ANPD (Autoridade Nacional de Proteção de Dados), agência que regula e fiscaliza o cumprimento da lei, vem publicando diversos esclarecimentos sobre suas exigências e a forma de cumprimento. Para as *startups* e empresas de pequeno porte, a resolução mais relevante é a resolução CD/ANPD 2/2022, que simplifica alguns procedimentos referentes à documentação para agentes de tratamento de pequeno porte. Uma das simplificações mais relevantes é a dispensa de nomear um encarregado pelo tratamento de dados pessoais (conhecido no mercado como DPO), além do estabelecimento de prazos em dobro para atendimento a algumas solicitações de titulares de dados pessoais.

2. GDPR (*General Data Protection Regulation* – União Europeia)

O GDPR, que se aplica a qualquer empresa que lide com dados de cidadãos da União Europeia, apresenta desafios adicionais. As penalidades por não conformidade são significativas e podem afetar até mesmo as *startups* mais promissoras. Essa regulamentação exige um alto nível de controle e segurança sobre os dados, o que pode ser um desafio para empresas com recursos limitados. No entanto, ao se adaptarem a essas normas, as *startups* podem conquistar a confiança de clientes e parceiros, destacando-se no mercado.

É importante ressaltar que a jurisdição da União Europeia não abrange o Brasil e, portanto, nenhuma empresa brasileira é obrigada a cumprir o GDPR se não estiver operando nos países membros da União Europeia. Entretanto, empresas europeias são obrigadas a cumprir este regulamento mesmo em seus escritórios fora da Europa e, por isso, pode ser necessário que sua empresa se adapte a esta norma para celebrar contratos com multinacionais que tenham sede em um dos países membros da UE.

3. Banco Central do Brasil – Resolução 4893/2021 (Segurança Cibernética para Instituições Financeiras – Brasil)

É uma resolução do Banco Central que trata da política de segurança cibernética e estabelece os requisitos para a contratação de serviços de processamento e armazenamento de dados e de computação em nuvem pelas instituições financeiras e por instituições regulamentadas pelo Banco Central. Veio para atualizar os requisitos que já estavam presentes em uma resolução anterior (a resolução 4658/2018) e unificar a regulamentação sobre o tema. Qualquer *fintech* que esteja sujeita a autorização do Banco Central para operar precisa conhecer e implementar os requisitos desta resolução.

Na parte que trata dos requisitos de segurança, a resolução exige que as instituições mantenham uma política de segurança cibernética, definindo objetivos, procedimentos de controle de vulnerabilidade, registro de incidentes relevantes e os controles estabelecidos para a proteção de dados sensíveis. Ou seja, o Banco Central exige que qualquer empresa sob sua alçada de fiscalização tenha uma estratégia bem definida de segurança da informação e implante um plano de resposta a incidentes (que será tratado mais adiante).

Em uma outra parte da resolução, são estabelecidos os requisitos para a contratação de serviços de nuvem. Dentre outros requisitos, é preciso garantir que os dados permanecerão disponíveis mesmo em caso de encerramento do serviço de nuvem, que haverá controles de segurança adequados aplicados no ambiente e que não haverá transferência indevida de dados para outros países – ou seja, empresas sujeitas a esta regulamentação precisam fazer uma avaliação cuidadosa antes de contratar serviços de nuvem no exterior.

4. Outras regulamentações setoriais

Além do Banco Central, outras agências reguladoras também trazem regulações setoriais sobre segurança da informação. Algumas são mais rígidas, outras menos, mas todas precisam ser cumpridas pelas empresas do setor.

- CVM (Comissão de Valores Mobiliários) – Instrução 612/2019
- SUSEP (Superintendência de Seguros Privados) – Circular 638/2021
- ANATEL (Agência Nacional de Telecomunicações) – Resolução 740/2020
- ANEEL (Agência Nacional de Energia Elétrica) – Resolução Normativa 964/2021
- ANS (Agência Nacional de Saúde Suplementar) – Resolução Administrativa 81/2023

Estes são apenas alguns exemplos de regulamentações setoriais. É essencial que uma empresa conheça a regulamentação sobre segurança e privacidade em seu ramo de operação, para não ser surpreendida com sanções dos órgãos reguladores.

5. Regulamentação internacional

Há, atualmente, mais de uma centena de países que contam com algum tipo de legislação sobre privacidade ou segurança de dados. Se sua empresa opera ou pretende operar fora do Brasil, é preciso se informar sobre as exigências dos países antes de iniciar sua expansão internacional.

## Requisitos de mercado

Em muitos casos – talvez na maioria – seu cliente corporativo não exigirá que você tenha uma certificação formal, mas esperará que você demonstre boas práticas de segurança e governança de dados. Isso é especialmente verdadeiro para empresas que atuam em modelos B2B, SaaS e com serviços digitais integrados a grandes corporações. Em alguns casos, é possível, inclusive, que o cliente envie auditores para avaliar sua segurança.

Há alguns requisitos que são bastante comuns em processos de homologação de fornecedores:

- Política de segurança da informação documentada;
- Termos de confidencialidade estabelecidos com colaboradores e parceiros;
- Registro de incidentes e plano de resposta (trataremos disso mais adiante);
- Evidência de *backups*, criptografia e controle de acessos.

Esses requisitos não são obrigatórios por lei, mas são determinantes para fechar negócios, e já fazem parte do nosso plano de segurança. Portanto, sua empresa já terá tudo isso, bastando apenas organizar a documentação para comprovar.

Cada vez mais, esta capacidade de demonstrar conformidade antecipa e acelera negociações – e o contrário também é verdadeiro: a ausência de práticas mínimas de segurança pode afastar clientes.

### *Frameworks* de segurança

Aqui está um ponto essencial: não é necessário reinventar a roda. Há diversos *frameworks* já consolidados que ajudam empresas a estruturar suas ações de segurança e *compliance*. O segredo está em usar estes *frameworks* como guias, e não como burocracia, do modo como está sendo feito neste livro.

Conhecer os principais *frameworks* de segurança da informação ajuda uma *startup* a ter uma linguagem comum com parceiros, fornecedores, investidores e clientes. As medidas de segurança que você está implementando em sua empresa fazem parte dos *frameworks*, e você terá uma vantagem se souber apresentar isso a quem estiver interessado em fazer negócios com você.

A seguir, faremos uma breve apresentação dos *frameworks* de segurança mais conhecidos.

1. ISO/IEC 27001:2022

*Framework* mais conhecido do mercado, a ISO 27001 é a principal norma de uma família que especifica como implementar um Sistema de Gestão de Segurança da Informação (SGSI). Ao implementar todos os controles descritos, sua empresa pode solicitar uma auditoria para receber um certificado de conformidade. Assim como o certificado ISO 9001 atesta excelência em gestão da qualidade, o certificado ISO 27001 atesta excelência em gestão de segurança da informação.

2. NIST *Cybersecurity Framework* 2.0

O NIST CSF é um *framework* desenvolvido pelo NIST (*National Institute of Standards and Technology*), uma entidade subordinada ao Departamento de Comércio dos EUA (*US Department of Commerce*). Divide os controles de segurança em seis funções: governar, identificar, proteger, responder e recuperar. É focado na gestão de riscos e vem sendo amplamente utilizado nos setores públicos e privado por ter toda a sua documentação gratuita, inclusive com boa parte dela já traduzida para o português.

3. CIS *Controls* v8.1

O CIS *Controls* é um *framework* que lista uma série de controles técnicos e práticos priorizados por eficácia. Tem três níveis de implementação, que podem ser executados de forma progressiva. É ideal para empresas com poucos recursos, pois foca em ações de alto impacto, e pode ser facilmente correlacionado com os preceitos do NIST CSF e da ISO 27001. Também é disponibilizado de forma gratuita pelo CIS (*Center for Internet Security*).

4. COBIT 2019

O COBIT (*Control Objectives for Information and Related Technologies*) é uma estrutura que orienta a governança e a gestão de TI, garantindo a integração entre ambos. Foi criado pelo ISACA (*Information Systems Audit and Control Association*) em 1996 e vem sendo atualizado desde então. O COBIT insere a segurança da informação como uma parte do processo de governança de TI.

**Alinhando seu plano aos requisitos de *compliance***

A esta altura, sua empresa já sabe como elaborar um plano de segurança da informação estruturado, com as medidas básicas e um cronograma de ampliação das medidas atrelado ao seu crescimento. Você deve, agora, adicionar a camada de conformidade a este plano, seguindo alguns passos simples.

1. Identifique a regulamentação aplicável

O primeiro passo é verificar toda a regulamentação sobre segurança e privacidade aplicável à sua empresa.

- Sua empresa trata dados pessoais? LGPD.
- Atende clientes na União Europeia? GDPR.
- Atua em qual setor? Verifique as normas setoriais.
- Trabalha com o governo? Verifique as exigências de contratos públicos.

Cheque se os requisitos estabelecidos pelas regulamentações aplicáveis estão contemplados em seu plano ou se é necessário tomar alguma medida adicional.

2. Compare seu plano com os *frameworks* de mercado

Selecione um *framework* de mercado (para quem está iniciando em segurança e não tem uma exigência explícita de algum parceiro comercial, sugerimos o CIS *Controls*) e utilize os controles como uma *checklist* adaptada. Marque os itens que sua empresa já implementou e identifique os pontos de melhoria. Não é necessário aplicar todas as melhorias de uma vez, incorpore-as ao seu plano de evolução.

3. Documente suas práticas

Escreva suas políticas internas, mesmo que de forma simples. Não espere para ter tudo perfeito: faça uma versão inicial e vá aprimorando ao longo do tempo, seguindo o mesmo caminho que você trilhou para fazer seu MVP virar um produto.

Formalize os processos de *backup*, controle de acessos e resposta a incidentes, e mantenha registros básicos das ações realizadas (por exemplo, o inventário de ativos, os treinamentos aplicados e as atas das reuniões que trataram do tema de segurança da informação).

4. Esteja preparado para auditorias ou questionamentos

Mantenha as evidências organizadas para o caso de algum cliente solicitar uma auditoria dos seus processos de segurança. Tenha capturas de tela, contratos assinados e relatórios, mesmo que simplificados.

Pratique a transparência. O mais importante não é ter todos os pontos resolvidos, e sim comprovar que sua empresa sabe onde estão os riscos e tem um plano para tratá-los. Isto demonstra maturidade e é muito valorizado por grandes corporações, pois elas mesmas sabem que não têm uma segurança perfeita, têm suas próprias falhas e seus próprios planos de trabalho para solucionar estas falhas em seus ambientes.

## E agora?

Agora você tem um plano estratégico de segurança que acompanha o crescimento da sua empresa e que atende aos requisitos de *compliance* exigidos pelo seu setor de atuação. Este plano é robusto, sustentável e pode ser validado pelo mercado. Use-o para demonstrar que sua empresa

- Leva segurança a sério;
- Está comprometida com a conformidade legal; e

- Adota as melhores práticas do mercado.

Use a conformidade como uma alavanca estratégica. Se a maioria das *startups* negligencia o tema, mostre que a sua empresa é diferente. Inclua segurança na sua proposta de valor, transformando sua estratégia de segurança da informação em um argumento de negócios. Transforme segurança e conformidade de um centro de custo em um ativo que gera retorno.

Há alguns anos, um grande varejista nos EUA sofreu uma violação de dados bastante significativa. Mas o ataque não veio diretamente por suas redes internas. O ponto de entrada foi uma empresa terceirizada de manutenção de sistemas de ar-condicionado. Esta empresa, de pequeno porte, tinha acesso remoto aos sistemas do varejista para monitorar as condições de climatização das lojas e para fazer o tratamento das ordens de serviço. Seus sistemas internos, entretanto, não contavam com as medidas básicas de segurança. Um atacante externo conseguiu comprometer as credenciais desta pequena empresa e, a partir dali, invadiu o ambiente do grande varejista. O resultado foi uma exposição de mais de 40 milhões de dados de cartão de crédito, custos superiores a USD 200 milhões com multas, indenizações e ações corretivas para o varejista e perda massiva de confiança do mercado, levando a queda nas ações e danos à reputação.

Essa história evidencia algo que, muitas vezes, não é percebido: a segurança de uma grande empresa é tão forte quanto seu fornecedor mais frágil. E, se você faz parte de uma *startup* que já se antecipou e implementou medidas de segurança e conformidade, esse é o seu momento de virar o jogo: não seja visto como um risco. Mostre que você é parte da solução e deixe que alguma outra empresa seja o fornecedor mais frágil.

*"Nossa infraestrutura foi desenhada para atender aos princípios da LGPD, e seguimos os controles recomendados pelo CIS Controls. Adotamos autenticação multifatorial em todos os sistemas críticos e temos um plano formal de resposta a incidentes".*

Este tipo de informação, quando bem apresentado, aumenta a confiança e facilita a aprovação em processos de seleção de fornecedores. O simples fato de trazer este assunto para a apresentação já demonstra que sua empresa não tem receio de lidar com ele.

Encare a segurança da informação como um ativo estratégico. Ao investir em medidas de segurança, uma *startup* não está apenas protegendo seus dados, mas também construindo uma reputação de confiabilidade e responsabilidade. Essa reputação pode ser a chave para abrir portas que antes pareciam inatingíveis, permitindo que a empresa se conecte com parceiros e clientes que valorizam a segurança como um componente essencial de suas operações.

Quando apresentado deste modo, o papel da segurança da informação vai além da mera proteção de dados; ela pode servir como uma verdadeira alavanca para o crescimento da sua empresa. Em um ambiente de negócios onde a confiança é cada vez mais escassa, ter uma segurança robusta é um diferencial competitivo e uma *startup* que reconhece esta realidade consegue se posicionar como líder em um mercado que valoriza a conformidade e a proteção de dados.

Ao transformar sua estrutura de segurança em um ativo de negócios, você não apenas protege sua empresa – você acelera seu crescimento.

Um último ponto sobre este tema: existem no mercado vários sistemas para gestão de segurança e conformidade. Mantendo o compromisso de respeitar seus limites de orçamento, é importante dizer que você não precisa deles em um primeiro momento. Eles são muito úteis, mas não são uma prioridade onde há poucos recursos. Mantenha-os em seu radar e, no futuro, considere investir em um deles para facilitar seu controle e consolidar seus planos de ação em uma única plataforma.

# Capítulo 7
# A importância de estar preparado

Por mais que nos esforcemos para prevenir incidentes, a realidade é que nenhum sistema é imune a ataques, por mais que você invista em segurança da informação. Sempre haverá uma brecha e, em algum momento, é real a probabilidade de que ocorra um incidente de segurança. A diferença entre as empresas não está entre as que estão sujeitas a um incidente e as que não estão sujeitas a um incidente, mas sim na forma como reagem ao incidente. O que determinará o futuro de uma *startup* que sofre um ataque é muito mais o modo como ela reagiu a este ataque do que o ataque em si.

Este capítulo não tem a intenção de assustar, mas de preparar sua *startup* para o inevitável. Mesmo que você tenha implementado as melhores práticas de segurança, ter um plano de resposta a incidentes bem estruturado pode ser o fator que separa um problema controlado de uma crise catastrófica.

Um plano de resposta a incidentes é uma extensão do plano de segurança da informação da empresa. Ele integra processos e diretrizes que ajudam a restaurar as operações de forma eficiente. A preparação não se resume à tecnologia; trata-se de construir uma cultura de segurança dentro da organização. Cada membro da equipe deve entender seu papel em caso de um incidente, e isso começa com um plano bem definido.

Segurança da informação não é apenas sobre evitar falhas, mas também é sobre como reagir quando elas acontecerem. E é por isso que investir tempo e recursos na criação de um plano de resposta a incidentes não é um luxo ou algo para ser feito mais tarde, pois este plano deve ser parte da fundação da sua estratégia de segurança.

## O processo de resposta a incidentes

Ter um plano de resposta a incidentes significa ter uma estratégia clara sobre como sua equipe irá reagir a diferentes tipos de incidentes de segurança. Isso inclui desde a detecção inicial do problema até a recuperação de operações normais, com o mínimo de danos e interrupções. O plano deve ser adaptável, levando em consideração a natureza do ataque, os recursos disponíveis e a complexidade da situação. Basta seguir alguns passos.

1. Preparação

O primeiro passo em uma estratégia eficaz de resposta a incidentes é a preparação. Isso envolve estabelecer os papéis e responsabilidades da sua equipe durante um incidente. Identifique quem liderará o esforço (geralmente chamado Líder da Equipe de Resposta a Incidentes) e designe tarefas específicas para cada membro com base em suas habilidades e *expertise*. Esta fase preparatória também deve incluir sessões de treinamento onde todos os membros da equipe entendem suas responsabilidades durante diferentes tipos de incidentes.

Lembre-se de que não se trata apenas de questões técnicas. Quem gerenciará a comunicação com os clientes? Quem será o ponto de contato principal durante a crise? Quem está autorizado a falar em nome da empresa se houver pedidos de entrevista?

Também é importante garantir que todos na empresa saibam como se comunicar durante um incidente. Defina quais canais serão usados e aproveite ferramentas como *Slack* ou Microsoft *Teams* para garantir que as informações fluam de maneira rápida e organizada. Um dos maiores problemas no processo de gestão de incidentes é a comunicação. Por isso, um fluxo de comunicação bem definido não apenas acelera a resposta, mas também ajuda a manter a confiança da equipe e dos clientes durante os momentos críticos.

Prepare recursos e ferramentas de resposta, já deixando configurados os *backups* automáticos, as coletas de *logs* de acesso e o *software* de monitoramento. Seu inventário de ativos deve estar disponível e atualizado, indicando claramente quais são os ativos críticos para o seu negócio.

2.  Identificação do incidente

Uma vez que a equipe esteja pronta, identificar rapidamente o que está acontecendo é fundamental para minimizar o impacto de qualquer incidente. Quanto mais cedo você identificar o problema, mais cedo poderá começar a mitigá-lo – e menores serão os danos que ele irá causar.

A equipe deverá estar atenta a qualquer situação que fuja do que costuma acontecer regularmente, como um padrão incomum no tráfego de rede, tentativas não autorizadas de acesso ou sinais de exfiltração dos dados. Qualquer pessoa na empresa deve estar orientada a relatar estes sinais imediatamente. No processo de identificação, é melhor "pecar pelo excesso", ou seja, investigar um sintoma que pode não se provar algo grave, do que deixar passar um evento que, mais tarde, pode se transformar em um desastre. É como um carro que começa a fazer um barulho estranho: mais vale investigar e descobrir que era alguma coisa que foi deixada solta no porta-malas do que ignorar e descobrir, mais tarde, que era um problema grave no motor.

Deve-se definir critérios claros para classificar os incidentes. Pode-se adotar, para começar, uma classificação em três níveis:

- Incidente crítico: atinge os ativos críticos da empresa e compromete seriamente a operação, a ponto de inviabilizá-la; vazamento de dados críticos para e empresa ou de dados pessoais sensíveis.
- Incidente de médio impacto: atinge ativos críticos da empresa, mas sem comprometer seriamente ou inviabilizar a operação; atinge ativos de criticidade média; vazamento de dados pessoais não sensíveis.
- Incidente de baixo impacto: atinge ativos de baixa criticidade e não compromete a operação; não há vazamento de dados pessoais.

A classificação dos incidentes ajudará a priorizar as ações, tratando primeiro os casos mais relevantes.

3. Contenção do incidente

Contenção significa isolar o incidente para evitar que ele se espalhe ou cause mais danos. Quanto mais rapidamente o incidente é contido, menos impacto ele terá no seu negócio.

- Desconecte sistemas comprometidos: se possível, desconecte da rede qualquer sistema que tenha sido afetado. Em um primeiro momento, até ter a certeza de que não precisará de evidências para uma análise forense, mantenha o equipamento ligado, apenas bloqueando sua comunicação.
- Revise acessos e permissões: implemente um processo de revisão de acessos para garantir que apenas usuários autorizados tenham acesso aos

sistemas. Bloqueie qualquer perfil suspeito ou que você não possa garantir que não esteja comprometido.

É importante ressaltar que, muitas vezes, os dados encontrados nos sistemas afetados podem ser a chave para decifrar a causa do incidente por meio de um processo de análise forense. Por isso, é muito importante manter estas informações, que podem estar na memória RAM dos equipamentos, deixando-os ligados. Além disso, pode ser necessário fazer cópias destes dados mantendo a cadeia de custódia para poder usá-los em processos judiciais, tanto para pleitear indenizações quanto para se defender de pedidos de reparação. Por conta disso, sempre envolva pessoas especializadas (técnicos e advogados) no tema quando houver um incidente crítico que tenha o potencial de gerar questionamentos jurídicos.

4. Erradicação e recuperação

Após conter o incidente, chega o momento da erradicação, o processo pelo qual as causas são completamente eliminadas do ambiente.

- Investigue a causa raiz: antes de restaurar tudo, é preciso entender como o incidente aconteceu. Isso pode incluir a análise de *logs*, a verificação do tráfego de rede ou análise das vulnerabilidades do ambiente.
- Corrija as vulnerabilidades: após identificar a causa, é preciso implementar as correções, que podem envolver a atualização de *software*, mudanças nas configurações do ambiente ou endurecimento das medidas de segurança.

Uma vez que as ameaças estejam eliminadas, pode-se iniciar a etapa de recuperação, que é trazer o ambiente de volta à sua operação regular.

- Reconecte os equipamentos ao ambiente, sempre fazendo um acompanhamento para garantir que o problema não reapareça e para se assegurar de que as vulnerabilidades que já foram corrigidas não voltem a estar presentes.
- Utilize *backups*: se o incidente comprometer dados, restaure-o a partir de seus *backups*, mas não deixe de avaliar antes se estes *backups* são seguros e não contêm o mesmo tipo de erro que levou ao incidente inicial.

Após a recuperação dos sistemas, pode ser necessário reprocessar dados que se perderam ou refazer operações para retomar a consistência das informações. Uma vez que tudo tenha voltado à normalidade, pode-se declarar o incidente como encerrado.

5. Revisão e melhoria contínua

O encerramento do incidente, contudo, não conclui o trabalho. É preciso documentar todo o ocorrido, incluindo a causa raiz, as medidas tomadas e os resultados. Esta documentação será usada para registro histórico e para realizar uma análise pós-incidente para identificar as lições aprendidas:

- O que funcionou bem no plano de resposta?
- O que poderia ter sido feito de maneira mais eficiente?
- Quais pontos do plano de segurança da empresa precisam ser reforçados para evitar incidentes semelhantes no futuro?

Esta análise é importante para promover um processo de melhoria contínua. Por exemplo, após a recuperação de um incidente de *ransomware*, uma empresa pode perceber que não havia treinamentos adequados para a equipe sobre *phishing*, o que levou alguém a clicar em um *link* malicioso. A ação subsequente seria treinar a equipe em como identificar e-mails fraudulentos e aumentar as verificações de segurança.

6. Treinamento

A equipe deve estar pronta para executar o plano e, para isso, é necessário que seja treinada. Assim como um bombeiro não recebe apenas aulas teóricas sobre incêndios, mas também treina o combate às chamas em incêndios controlados, a equipe deve treinar a execução do plano. Periodicamente (o ideal é que seja feito pelo menos a cada semestre), deve-se simular um incidente e executar o processo de resposta como se fosse um caso real, observando o desenrolar dos acontecimentos e aplicando o processo de revisão e melhoria contínua.

**Criando um plano eficiente com recursos limitados**

Desenvolver um plano de resposta a incidentes pode parecer uma tarefa monumental, especialmente para quem tem que lidar com orçamentos limitados e equipes pequenas. No entanto, é possível construir uma estrutura sólida em etapas simples e práticas, utilizando os recursos já disponíveis na empresa. O segredo, mais uma vez, será começar imediatamente, usando os recursos que já estão disponíveis, mesmo que ainda não seja o plano perfeito.

Comece documentando todas as etapas. Desenhe os processos, crie os *templates* de documentos com as informações que serão necessárias, estabeleça os canais de comunicação, crie as caixas e grupos de e-mail para onde deverão ser enviadas as mensagens, configure os acessos necessários para que todos os envolvidos possam desempenhar suas funções e defina os repositórios onde ficarão armazenados os documentos. Mantenha uma documentação simples, porém abrangente, de modo que qualquer novo membro possa entender rapidamente seu papel no processo.

Foque no treinamento ao invés dos recursos. Invista tempo no treinamento da equipe ao invés de se preocupar em comprar ferramentas. Se necessário, contrate consultores que possam transferir rapidamente este conhecimento para a sua equipe. A capacitação dos colaboradores nos protocolos básicos ajudará muito na resposta a um incidente real sem trazer custos excessivos para a empresa.

Discuta abertamente o plano com todos os envolvidos e ouça as sugestões de melhoria. As pessoas que estão envolvidas no dia a dia das operações podem ter sugestões valiosas para melhorar o plano. Num processo de resposta a incidentes, qualquer tempo ganho é muito valioso e, por isso, a busca por eficiência deve ser constante.

O melhor momento para a construção de um plano de resposta a incidentes é antes do incidente. Quanto mais cedo você se preparar, mais fácil será lidar com a situação quando ela surgir. Mesmo com recursos limitados, você pode criar um plano de resposta que, passo a passo, ajude sua empresa a superar incidentes de forma eficaz, com o mínimo de danos. Não tente fazer o plano completo de uma só vez: comece pelos casos críticos mais prováveis e vá incluindo novos casos ao longo do tempo. O processo é contínuo. Seu objetivo deve ser o de ter hoje um plano melhor do que o que você tinha ontem, sabendo que o plano de amanhã será melhor que o de hoje.

Ao longo do tempo e das simulações, sua equipe ganhará maturidade no assunto e compreenderá melhor cada etapa do processo. E, se vocês começarem logo, têm uma grande chance de já estar em um bom nível de preparação quando um evento surgir.

# Capítulo 8
# Um caminho possível –
# e necessário

A jornada percorrida ao longo deste livro não foi apenas sobre segurança da informação. Foi sobre clareza, responsabilidade e visão de futuro. Foi sobre entender que a proteção do seu negócio não é um luxo reservado às grandes empresas, mas uma necessidade real, urgente e acessível, mesmo para *startups* e pequenas empresas com recursos – humanos e financeiros – limitados.

Se há uma única mensagem que deve ficar guardada após a última página e a de que você não precisa de tudo para começar, mas precisa começar com o que tem. Segurança da informação depende muito mais de postura, disciplina e processos do que de ferramentas. É lógico que ferramentas ajudam e são necessárias em muitos momentos, mas não são a parte mais essencial. Sua última linha de defesa não está na tecnologia, e sim na sua equipe.

Assim como você validou seu produto antes de ter uma estrutura completa, ou lançou um MVP sem ainda dominar o mercado, a segurança da informação também pode começar imperfeita, desde que esteja presente. O que não pode mais é ser ignorada.

## A *startup* que poderia ter se protegido

No começo deste livro, você conheceu a história de uma *startup* promissora que cresceu rápido, atraiu investimentos e encantou clientes. Mas esta *startup* falhou em uma etapa fundamental: preparar-se para o inevitável.

As medidas de segurança, deixadas para depois, não foram implementadas. Nem mesmo aquelas que não teriam custo algum. E, quando o ataque aconteceu, não havia plano. Ninguém nunca havia falado ou se preparado para isso. "Não vai acontecer", pensaram. Mas aconteceu. Os dados foram expostos, os sistemas paralisados, a confiança – o bem mais valioso de uma empresa nascente – desmoronou. O futuro foi comprometido. Talvez, irremediavelmente comprometido.

Agora, imagine outra versão dessa história.

Imagine se, desde o início, aquela *startup* tivesse mapeado seus ativos em uma planilha simples e tivesse identificado quais deles eram os mais críticos. Se tivesse ativado uma autenticação em múltiplos fatores ao menos nos sistemas essenciais. Se os colaboradores não usassem perfis com acesso privilegiado para executar tarefas do dia a dia, como ler e-mails. Se houvesse uma cultura de segurança, onde o tema fosse discutido e todos estivessem treinados para identificar situações anormais. Se os dados estivessem resguardados por *backups* automáticos e periódicos. Se, mesmo com poucos recursos, houvesse um plano básico de resposta a incidentes.

Muito provavelmente, o incidente ainda teria acontecido. Mas, se todos estes "se" fossem verdadeiros, a resposta e os impactos teriam sido muito diferentes. A empresa teria recuperado seus sistemas com muito mais rapidez, comunicado seus clientes com clareza, transparência e celeridade, e mostrado ao mercado que levava segurança a sério.

Essa empresa poderia ser a sua. Mas, agora, você pode escolher se ela será a da primeira versão da história ou a da segunda versão.


**Segurança como parte da cultura, não como uma obrigação**

Ao longo deste livro, tentamos mostrar que segurança não precisa ser sinônimo de burocracia, medo ou custo excessivo. Ela pode – e deve – ser parte da cultura da sua empresa, assim como agilidade, inovação, resiliência e foco no cliente.

Você agora é capaz de:

- Estruturar um plano de segurança da informação baseado na realidade da sua empresa, não em modelos caros e inalcançáveis;
- Implementar medidas de proteção de forma progressiva e sustentável;
- Alinhar suas ações às principais normas e *frameworks* do mercado;
- Usar a segurança como um diferencial competitivo e argumento de negócio, extraindo valor dela;
- E, por fim, preparar-se para o inevitável, com um plano claro, prático e exequível de resposta a incidentes.

Essa bagagem agora é sua, e não é pouca. E, mais do que isso, é sua responsabilidade aplicá-la. Depois de tudo o que viu, você não pode mais "deixar para mais tarde". Você já sabe que dá para começar a fazer.


**Por onde começar**

Talvez você esteja se perguntando qual deve ser o primeiro passo. Pode estar se perguntando por onde começar. Aqui vai uma sugestão prática: comece pelo começo. Crie hoje mesmo o seu inventário de ativos de informação. Abra uma planilha em seu computador e liste os sistemas, dados e dispositivos, e sinalize aqueles que são essenciais para o seu negócio. Pergunte-se: *"se eu perdesse isso amanhã, o que aconteceria com a empresa?"*. Compartilhe com seu time esta preocupação, ouça opiniões, envolva-os na construção do inventário. Isso já é segurança em ação, é um processo que já começou.

Este livro é um ponto de partida. A cada dia que passa, os riscos crescem – mas também crescem as oportunidades para a sua empresa se destacar como uma empresa sólida, confiável e preparada. Ao decidir implementar segurança da informação, você não está apenas protegendo o hoje. Está construindo um futuro seguro e sustentável.

Comece pequeno. Comece agora. Mas, acima de tudo, comece.

**"Se você lançou a primeira versão do seu produto sem que ele estivesse perfeito, então você pode começar a implementar segurança da informação aos poucos, sem ter todos os recursos disponíveis".**

Essa é a essência da segurança com orçamento limitado. E, agora, ela está nas suas mãos.

www.ingramcontent.com/pod-product-compliance
Lightning Source LLC
LaVergne TN
LVHW051745050326
832903LV00029B/2741